大展好書　好書大展
品嘗好書　冠群可期

簡化太極拳 6

趙堡太極拳十三式

王海洲／編著

大展出版社有限公司

作者簡介

　　王海洲，1945年2月生於河南省溫縣趙堡鎮，從小喜愛習拳，22歲時正式拜趙堡太極拳傳人張鴻道爲師，習練趙堡太極拳和各種器械。現任趙堡太極拳總會副會長兼總教練。1982年開始傳拳授藝，學生遍布全國各地。曾任中國溫縣國際太極拳年會副秘書長，臺灣省中華趙堡太極拳研究會技術顧問。

　　1990～1998年和嚴翰秀合作出版了《秘傳趙堡太極拳》《趙堡太極拳械合編》《杜元化太極正宗考析》等專著。同時出版了趙堡太極拳、劍、棍、刀、技擊散手、套路欣賞6部VCD光碟教學片，在全國各地發行。

編者的話

　　太極拳是在中華民族博大精深的傳統文化中孕育、產生和發展起來的一種拳術，在我國有著廣泛和深厚的群眾基礎。特別是太極拳的修身養性、強身健體和祛病延年的功效，吸引了千千萬萬的愛好者，並透過習練而從中獲益。

　　在現代社會經濟高速發展的快節奏生活中，太極拳運動更有著不可低估的價值，它有利於練習者養成良好的生活習慣，增強自信，增進健康，緩解各種壓力，建立良好的人際關係，從而提升生活質量。爲此，我社特邀目前國內太極拳六大門派的重要代表人物和傳人，編寫了這套簡化太極拳十三式叢書。

　　本著簡便、易行、有效的原則，這套叢書在保持了傳統套路的練習方法和練功要求的基礎上，對傳統套路順序的安排進行了精心選

編，選取了傳統套路中有代表性的動作，既合理科學，又簡便易學，並縮短了整個套路的練習時間，便於學練者掌握和練習。

由這套叢書的出版，我們衷心祝願廣大太極拳愛好者能夠堅持不懈、提高技藝、怡情益智，以飽滿的精神和充沛的體力投入學習和工作中，去享受生活的樂趣。

書中的技術動作由王海洲先生演示。

目　　錄

趙堡太極拳概要

一、趙堡太極拳的特點和動作要領

（一）特　點

趙堡太極拳的特點，歸納起來有下列幾點：

1. 輕鬆柔和，舒展大方

趙堡太極拳的架勢比較平穩舒展，動作要求不僵不拘，符合人體的生理習慣，並且一般說來，沒有忽起忽落的明顯變化，只有少量激烈的跳躍動作。所以，練習一兩遍之後，雖然感到身上流汗，但很少發生氣喘現象，給人以練拳之後有輕鬆愉快之感。由於太極拳具有這

個特點，所以不同年齡、性別和體質的人都可以鍛鍊，尤其對體弱和患有某些慢性病的人，更是一種較好的體療方法。

2. 連貫均勻，完整一氣

整套太極拳動作，從「起勢」到「收勢」，不論動作的虛實變化還是姿勢的過渡轉換，都是緊密銜接、連貫一氣的，看不出有明顯停頓的地方。整套演練起來，招勢分明，速度均勻，前後貫串。

3. 圓活自然，動作是圈

趙堡太極拳的動作不同於其他拳術，其最大妙處在於自然。它要求上肢動作處處帶有弧形，避免直來直往，這是符合人體各關節自然彎曲狀態的。由弧形活動進行鍛鍊，有利於動作的圓活自然，體現出柔和的特點，也能使身體各部位得到均勻的發展。

4. 協調完整，不凸不凹不流水

趙堡太極拳，不論是整個套路，還是單個動作姿勢，都要求上下相隨，內（意念、呼吸）外（軀幹、四肢動作）一體，身體各部位之間要密切配合。練太極拳時，必須以腰為軸，手腳的動作都是由軀幹帶動，並且互相呼

應，不要上下脫節或此動彼不動，顯得呆滯和支離破碎。

（二）動作要領

1. 意識引導動作

人體的任何動作（除反射性動作外），都需經過意識的指導。太極拳的練習，也要求用意識引導動作，把注意力貫注到動作意念之中。如做太極拳起勢，兩臂徐徐向前、向上舉的動作，從形象上看，和體操中「兩臂前平舉」的動作相仿，但在太極拳的練法上，不是隨便地把兩臂抬起來，而是在兩臂前平舉時，想著慢慢導引大小周天轉動，意欲沉氣，把氣沉到腹腔深處。意不停，動作亦隨之不停，就好像一條線把各個動作貫串起來一樣。總之，練習太極拳從起勢到收勢，所有動作都要注意用意識去支配。過去練拳人所說的「神為主帥，身為驅使」和「意動身隨」就是這個意思。為了掌握這個要領，必須注意以下兩點：

第一，靜。練拳時從準備姿勢開始，就要安靜下來，不再思考別的問題，然後按動作的要求檢查：頭是否正直，軀幹和臂是否放鬆，

呼吸是否自然通暢，當這些都合乎要求時再做後面的動作。這是練拳前一個要緊的準備工作。這種安靜的心態，應貫徹到練習拳套的全部動作中去。

練拳時，無論動作簡單或複雜、姿勢高或低，心理上始終要保持安靜狀態，這樣才能保持意識集中，使精神貫注到每個細小的動作之中，否則就會造成手腳錯亂、快慢無序或做錯動作等現象。練太極拳要求「以靜御動，雖動猶靜」「動中求靜」，如能做到這些，就不至於引起神經過分緊張以致過度疲勞。

第二，意。在心理安靜的前提下，還要把注意力放在引導動作和考慮要領上，專心致志地練拳，不要一面練拳，一面東張西望或思考別的事情。初學太極拳的人，很容易忘掉「用意」的要求。經久練習，就可意動身隨，手到勁發，拳勢、意念自然地與肢體活動密切配合。

2. 用意不用力，求自然的鬆

這裡所講的鬆，不是全身的鬆懈疲怠，而是在身體自然活動或穩立情況下，使肌肉和關節做到最大限度的放鬆，動作時避免使用拙力

和僵勁。在練習中，要求人體脊柱按自然的形態直立起來，使頭、軀幹、四肢等部位進行舒鬆自然的活動。

趙堡太極拳姿勢要求上體正直安舒，不要前俯後仰或左右偏斜。它所用的力，是維持姿勢的正確與穩定而自然的力，也稱它為「勁」。兩臂該圓的，就必須做到圓滿；腿該屈的，就必須屈到所要求的程度。除按照要求所用的力量之外，其他部位肌肉要盡量放鬆。

當然，初學時比較難掌握「力」的界限，所以，首先應注意放鬆，使身體各個關節都舒展開，避免緊張，力求圓活。然後由「鬆」再慢慢地使力量集中起來，達到勢勢連貫、處處圓活、不僵不拘、周身協調的要求。

3. 腳到手到，一動俱動

太極拳是一種使身體得到全面鍛鍊的運動項目。有人說，練太極拳時，全身「一動無有不動」；又說，練拳時全身「由腳而腿而腰總須完整一氣」，這些都是形容「上下相隨，周身協調」的。

初學太極拳的人，雖然知道許多動作要以腰部為軸，由軀幹帶動四肢進行活動，但因為

意念與肢體動作還不能密切配合，做到周身協調還是有困難的。所以，最好先由單式練習（如單練「起勢」「雲手」等），以求得軀幹與四肢動作的協調，同時也要練習步法（如站虛步、弓步以及移動重心、變換步法等），以鍛鍊下肢的支撐力量和熟練地掌握步法要領。然後再由全部動作的連貫練習，使步法的進退轉換與軀幹的旋轉、手法的變化相互配合，逐漸地達到全身既協調而又完整，從而使身體各個部位都得到均衡的鍛鍊與發展。

4. 陰陽分明，找重心

初步了解了太極拳的動作要領後，就要進一步注意動作的虛實和身體重心問題。因為一個姿勢與另一個姿勢的連接，位置和方向的改變，處處都貫穿著步法的變換和轉移重心的活動。在鍛鍊中也要注意身法和手法的運用，由虛到實，或由實到虛，既要分明，又要連貫不停，做到勢斷意不斷，一氣呵成。如果虛實變化不清，進退變化一定不靈，就容易發生動作遲滯、重心不穩和左右歪斜的毛病。

拳論云：「邁步如貓行，運勁如抽絲」，就是形容練太極拳應當注意腳步輕靈和動作均

匀。要做到這一點，首先應注意虛實變換得當，使肢體各部分在運動中沒有不穩定的現象。假如不能維持身體的平衡，那就根本談不上動作的輕靈、均匀。

太極拳的動作，無論怎樣複雜，首先要把自己安排得舒適，這是太極拳「中正安舒」的基本要求。凡是旋轉的動作，應先把身體穩住再提腿換步；進退的動作，先落腳而後再慢慢地改變重心，同時，做到精神貫頂、鬆肩、斂臀以及動作上的虛實變化，這些都有利於重心的穩定。這樣練習日久，無論動作快慢，都不會產生左右搖擺、上重下輕的毛病。

5. 逆腹呼吸，順其自然

練太極拳要求呼吸自然，不要因為動作而引起呼吸急促。人們無論做任何體育活動，機體需要的氧都要超過不運動的時候。在練習太極拳時，由於動作輕鬆柔和，身體始終保持著緩和協調，所以增加呼吸深度就可以滿足體內對氧的需要，對正常的呼吸影響並不太大。

初學太極拳的人，首先要注意保持自然呼吸，這就是說，在做動作時，練習者應按照自己的習慣和當時的需要進行呼吸，該呼就呼，

該吸就吸，動作和呼吸不要互相約束。

動作熟練之後，可根據個人鍛鍊的程度，毫不勉強地隨著速度的快慢和動作幅度的大小，按照起吸落呼、開吸合呼的要求，使呼吸與動作自然配合。例如，「起勢」時兩臂慢慢前平舉要吸氣，而身體下蹲、兩臂下落時則要呼氣。這種呼吸方式是根據胸廓張縮和膈肌活動的變化，在符合動作要求與生理需要的基礎上進行的。這樣能夠提高氧的供給量和加強橫膈膜的活動。

但是，在做起落開合不很明顯的動作，或以不同的速度、不同體質的人練習時，動作與呼吸的配合不能機械勉強、要求一律，否則，不僅得不到好處，反而會造成呼吸的不順暢和動作的不協調。

以上要領不是彼此分離，而是相互聯繫的。如果心裡不能「安靜」，就不能意識集中和精神貫注，就難以使意念與動作結合進行，更達不到連貫和圓活的要求。如果虛實與重心掌握不好，上體過分緊張，就不可能做到動作協調、完整一體，從而呼吸也就談不上自然，就更難做到逆腹呼吸。

二、趙堡太極拳十三式的特點

（一）結構特點

趙堡太極拳傳統的套路動作較多，其中有不少高難動作，一些受身體條件限制或練習時間較少的人不容易學會和演練。十三式的結構以趙堡太極拳傳統套路中的四個重要拳勢「雲手」「摟膝拗步」「倒卷肱」「野馬分鬃」為骨架，按照傳統套路的順序安排精編而成，保持了傳統套路由淺入深、由簡到繁的基本特點。同時，匯集了趙堡太極拳傳統套路「代理」「領落」「騰挪」「呼雷」四種架式結構優點，既合理、科學，又有一定的代表性。

（二）作　用

趙堡太極拳十三式雖然簡短，但保留了傳統太極拳的精華，適應現在社會的需要，有很多為現代人容易接受的優點。

1. 簡單易學，便於推廣

趙堡太極拳十三式，精簡了一些高難度的

動作，如「二起拍腳」「鷂子翻身」「跌叉」等，因此，適合社會上更多的人練習，特別是老弱病殘者。練習一次只用 2～3 分鐘，也是那些生活節奏快的人鍛鍊身體的最好方式。

由於十三式動作不多，便於太極拳教學點的骨幹培訓和傳授，一般沒有接觸過太極拳的人只需一周左右的時間就可以學會。

2. 健身養生，治病效果良好

趙堡太極拳的動作經歷代傳人的總結，其中一些動作對防病治病有較好的效果。比如，「雲手」的動作可以使人的五臟六腑得到鍛鍊，「倒卷肱」能促進腦血管的血液循環，治療腦血管病。

經常練習能全面疏通人體筋絡，促進氣血流通，增加食慾，治療失眠等，整體地提高人體的免疫能力，使人健康長壽。

3. 防身自衛，培養技擊興趣

趙堡太極拳十三式保留了傳統太極拳的技擊精髓，長期演練，無形中使自己產生技擊自衛的能力。如果進一步體會和掌握每一招的技擊含義，加以實際運用，並且適當練習一些健

身推手，技擊的興趣會不斷增加。久而久之，太極拳的技擊能力會得到提升。

4. 參與社會活動，便於競賽表演

趙堡太極拳十三式易於普及，老少皆宜，練習它，可以擴大自己的交往範圍，加強人際間的友好聯繫，豐富自己的生活內容。逢有社會活動，可以組織表演助興，條件允許的場所可以競賽表演。

5. 爲深造傳統太極拳打下基礎

經過一段時間的趙堡太極拳十三式練習，身體強健了，精神旺盛了，對太極文化有了初步的認識，技術上也打下了一個較好的基礎。這時，再學習傳統趙堡太極拳就容易得多，就能更好地掌握趙堡太極拳深層功夫的練功方法，向太極拳更高的境界邁進。

三、對身體各部位姿勢的要求

（一）頭　部

　　練習太極拳時，對頭部姿勢的要求是很嚴格的。所謂「頭頂懸」「虛領頂勁」或「提頂」「吊頂」的說法，都是要求練習者頭向上頂，避免頸部肌肉硬直，更不要東偏西歪或自由搖晃。頭頸動作應隨著身體位置和方向的變換，與軀幹的旋轉上下連貫協調一致。面部要自然，下頦向裡收，口自然合閉，舌上卷舔住上腭，以加強唾液的分泌。

　　眼神要隨著身體的轉動，注視前手（個別時候看後手）或平視前方，既不可皺眉努目，也不要隨意閉眼或精神渙散。練拳時，神態力求自然，注意力一定要集中，否則會影響鍛鍊效果。

（二）軀　幹

1.胸背

太極拳要領中指出要「含胸拔背」，或者

「含蓄在胸，運動在兩肩」，意思是說在鍛鍊過程中要避免胸部外挺，但也不要過分內縮，應順其自然。

「含胸拔背」是互相聯繫的，背部肌肉隨著兩臂伸展動作，盡量地舒展開，同時注意胸部肌肉要自然鬆弛，不可使其緊張，這樣胸就有了「含」的意思，背也有了「拔」的形式，從而免除胸肋間的緊張，呼吸調節也自然了。

2. 腰脊

人體在日常生活中，行、站、坐、臥要想保持正確的姿勢，腰脊有著主要作用。在練習太極拳的過程中，身體要求端正安舒，不偏不倚，腰部起著重要的作用。過去有人說「腰脊為第一之主宰」，又說「刻刻留心在腰間，腹內鬆靜氣騰然」「腰為車軸」等等，都說明了如果腰部力量中斷或在身體轉動中起不了車軸作用，就不可能做到周身完整一氣。

練習時，無論是進退或旋轉，凡是由虛而逐漸落實的動作，腰部都要有意識地向下鬆垂，以幫助氣的下沉。注意腰腹不可用力前挺，以免影響轉換時的靈活。腰部向下鬆垂，可以增加兩腿力量，使下盤得到穩固，使動作

既圓活又完整。

在配合鬆腰的要領當中，脊椎骨要根據正常生理姿態豎起，不可因鬆腰而故意後屈、前挺或左右歪斜，以致造成胸肋或腹部肌肉的無謂緊張。由腰部維護身體的重心，能使動作既輕靈又穩定。可見，腰脊確是練太極拳的第一主宰。

3. 臀部

練太極拳時要求「垂臀」（或稱「斂臀」），這是為了避免臀部凸出而破壞身體的自然形態。練習時，要注意臀部自然下垂，不要左右扭動。在鬆腰、正脊的要求下，臀部肌肉要有意識地收斂，以維持軀幹的正直。總之，垂臀和頂頭的要求一樣，應用意識調整，不是用力去控制。

（三）上　肢

太極拳術語中講「沉肩墜肘」，就是要求這兩個部位的關節放鬆。肩、肘兩個關節是相關聯的，能沉肩就能墜肘。運動時應經常注意肩關節鬆開下沉，並有意識地向外引伸。

太極拳對手掌部位的要求是：凡是收掌的

動作，手掌應微微含蓄，但不可軟化、飄浮；當手掌前推時，除了注意沉肩墜肘之外，同時手腕要微向下塌，但不可彎得太死。手法的屈伸翻轉，要力求輕鬆靈活。出掌要自然，手指要舒展。

手和肩的動作是完整一致的，如果手過度向前引伸，就容易把臂伸直，達不到「沉肩墜肘」的要求；而過分地沉肩墜肘，忽略了手的向前引伸，又容易使臂部過於彎曲。

總之，動作時，臂部始終要保持一定的弧度，推掌、收掌動作都不要突然斷勁，這樣才能做到既有節奏又能連綿不斷、輕而不浮、沉而不僵、靈活自然。

（四）下 肢

在練習太極拳的過程中，進退的變換，發勁的根源和周身的穩定，主要在於腿部。因而在鍛鍊時，要特別注意重心的移動、放腳的位置和腿彎的程度。練拳人常講：「其根在腳，發於腿，主宰於腰，形於手指。」可見腿部動作姿勢的好壞，關係著周身姿勢的正確與否。

腿部活動時，首先要求胯和膝關節放鬆，

這樣可以保證進退靈便。腳的起落，要輕巧靈活；前進時腳跟先著地，後退時腳掌先著地，然後慢慢踏實。切記進步要低，收步要高。

初學的人，往往感到顧了手顧不了腳，而且大多數人只注意上肢的動作，而忽略腿腳的動作，以致影響整個拳架的學習。應該充分認識到腿腳動作在姿勢變換中的重要性，認真學好各種步型、步法。在練架子時，必須注意腿部動作的虛實，除「起勢」「收勢」和「十字手」外，避免體重同時落在兩腿上。所謂腿部動作的虛實，就是體重在右腿則右腿為實，左腿為虛；體重在左腿則左腿為實，右腿為虛。但是，為了維持身體平衡，虛腳還要起著一個支點的作用（如「虛步」的前腳和弓步的後腳）。總之，既要分清虛實，又不要絕對化。這樣，進退轉換不僅動作靈活穩定，而且使兩腿互換負荷，緩解腿部肌肉的緊張和疲勞。

做弓步時，一腿彎曲支持體重，另一腿輕輕提起伸直（不可僵挺），腳跟自然落下，然後全腳慢慢踏實向前弓腿，這樣進退自然，步幅適當。做跟步動作時，腳掌要先著地。擺腳動作（擺蓮腳）或拍腳的動作，不可緊張，須

根據個人技術情況而定，手不拍腳也可以。

四、初學者注意事項

（一）速度要均勻

初學太極拳時宜慢不宜快，在慢上練功夫、打基礎，先把動作學會，把要領掌握好，熟練以後，不論速度稍快或稍慢，從頭到尾要保持均勻。練一套太極拳十三式正常的速度是2～3分鐘。

（二）保持平衡，不可起伏

初學時架勢可以高一點，也可低一點，但在「起勢」時就要確定高低程度，以後整套動作，要大體上保持同樣的高度（除「下勢」以外）。體弱者最好採用高一點的架勢練習，隨著動作的熟練和體質的增強，再練中型架勢或低一些的架勢。

（三）因人而易，欲速不達

趙堡太極拳練習雖然不如體操運動和其他

長拳運動劇烈，但是，它要求上下肢在一定的彎曲下做慢動作，加之要求全身內外上下高度配合，所以，還是有一定運動量的，特別是下肢的運動量比較大。

因為練習這種拳，一方面要求兩腿分清虛實，體重經常由一條腿來負擔，而這條腿又是在膝關節彎曲情況下來支撐體重的；另一方面，由一個姿勢轉到另一個姿勢、重心由一腿過渡到另一腿上時要求順，用的時間較長，這就大大增加了下肢的負荷量。所以，初學的人練完一兩趟十三式太極拳，往往會感到兩腿酸痛，這是正常的生理現象。堅持練下去，這種腿部酸痛現象就會消失。

每次鍛鍊的時間長短、趟數多少、運動量大小，應根據工作和學習以及自己的體質情況而定。一般健康無病的人，運動量可以略大一些，可以連續練習。老年人和體弱者要根據自己的身體情況，適當調節運動量，可以單練一兩個式子，如「懶擦衣」「雲手」「起勢」等。也可以架勢稍高一些，這時，膝關節彎曲度可略小一些。

患有不同傷病的人，每次的運動量不宜太

大，要注意循序漸進，逐步加大運動量，必要時應徵求老師的意見。

總之，在初練太極拳時，運動量的掌握務必要因人制宜，因病制宜，不應貪多求快，急於求成。

（四）功不間斷，其藝仍精

練太極拳同從事其他體育鍛鍊一樣，貴在堅持。不僅開始時要積極參加練習，而且一定要持續練習下去。根據自己工作或學習的情況，每天安排一定的時間進行練習。切不可認為已經練會了，或者感到病情有所好轉，就不再繼續堅持練習。

那樣，不僅不能逐步提升技術水準，也不能做到精益求精，更重要的是不能更好地收到增強體質和治病防病的效果。

一般情況下，每天在班前、班後或工間操、課間操時間，在公司或自家的院落、空地都可以練習。時間允許的最好能在清晨或晚間，就近到公園、樹林、廣場、河邊等空氣清新和環境安靜的地方練習。

五、練習步驟

練太極拳和練習其他體育項目一樣，要經過一個由生到熟、由熟到巧的逐步提升過程。

學練太極拳可以分成三個階段。

第一階段招熟，應該在姿勢上打好基礎，初學拳時要把拳套中的手型、手法、步型、步法、身型、身法以及腿法、眼法等基本技術領會清楚，做到姿勢正確舒展，動作穩定柔和。

第二階段懂勁，注意掌握動作的變化規律和運動特點，做到連貫圓活，上下相隨，協調自然，知己知彼。

第三階段神明，著重勁力的運用和意念的支配，以及呼吸與動作的配合，做到輕靈沉著、剛柔相濟，意、氣、力內外合一，達到最高境界。

現把練習簡化趙堡太極拳十三式的各步驟要點簡述如下：

（一）第一階段打基礎

練習中要注意以下幾點：

1. 端正

練習太極拳首先要保持身體中正安舒,姿勢正確。在懸頭豎項、沉肩墜肘、鬆腰斂臀等要領中,特別要注意腰脊中正,兩肩兩胯放鬆放平,以保持上體的自然正直。身體其他部位的姿勢也要認真按動作要求做好。實際上忽視任何一個部位的要領,都會影響其他部位的姿勢,如臀部外凸,必然連及腰部和胸部前挺、腹肌緊張,造成錯誤動作,故在初學時切不可貪多求快、潦草從事。

2. 穩定

要使上體端正舒展,首先保持下肢穩定。步型、步法是整個姿勢的基礎。如果步子過小、過窄或腳的位置、角度不對,變換動作時虛實不清,勢必造成身體重心不穩,因此,必須把步型、步法的要求弄清楚。可以由單練各種樁步和步法,恰當地掌握身體重心變換的時機。還可根據具體情況,多做各種腿法(蹬腳、分腳、踢腿等)練習以增強下肢力量和加強腰部柔韌性,提高動作的穩定性。

3. 舒鬆

初學時,動作要注意舒鬆自然,按照要求

把動作做得舒展柔和。初學者往往容易使用拙力，造成不必要的緊張。打基礎時應從舒鬆柔和的要求入手，注意克服緊張、生硬的毛病。

4. 輕柔

為了較快地掌握太極拳輕緩柔和的運動特點，初學時注意動作要慢、要柔，用力要輕、要勻，這樣易於使動作準確，速度均勻，消除拙力。

（二）第二階段掌握動作規律，體現運動特點

練習中要注意以下幾點：

1. 連貫

當動作有了一定基礎之後，就要努力做到節節貫穿。各個動作要前後銜接，一氣呵成，前一個動作的完成，就是下一個動作的開始，動作之間仍要保持一定的節奏感（即在一個動作做完後，微微一沉，在似停非停之際立刻接做下一個動作），整個過程要保持前後連貫，環環銜接，不可鬆懈。

2. 協調

太極拳是一種全身活動，要求上下相隨，

完整一氣，全身各部位的運動保持協調一致。比如「雲手」動作，腰脊轉動，帶動兩臂在空間畫圓，兩掌隨著臂部運動不斷地內外翻轉，兩腿支撐整個身體左右移動和旋轉，頭部也隨軀幹自然扭轉，同時兩眼注視交換的上手，這樣就形成了一個處處牽連、密切配合的全身運動。

3. 圓圈

太極拳的動作是由各種弧形、曲線構成的。認識和掌握這一規律，就能自覺地避免直來直往和轉死彎、拐直角的現象，使動作圓活不滯。

在動作要領上，要注意運用腰脊帶動四肢進行活動，只有做到以腰為軸，才能使手法、步法變轉圓活，動作輕靈柔順。

（三）第三階段招熟而漸悟懂勁

練習中要注意以下幾點：

1. 虛實分明，剛柔相濟

太極拳從整體動作來分，除個別情況外，動作達到終點定勢為「實」，動作變轉過程為「虛」。從局部動作來分，主要支撐體重的腿

為「實」，輔助支撐或移動換步的腿為「虛」；體現動作主要內容的手臂為實，輔助、配合的手臂為虛。分清了動作的虛實，用力的時候，就要有張有弛，區別對待。

實的動作和部位，用力要求沉著、充實；虛的動作和部位，要求輕靈、含蓄。例如，動作達到定勢或趨於完成時，腰脊和關節要鬆沉、穩定。動作變轉運動時，全身各關節要舒鬆、圓活。上肢動作由虛轉換成實時，前臂要沉著，手掌逐漸舒指、展掌、塌腕，握拳要由鬆而緊；由實轉換成虛時，前臂運轉要輕靈，手掌略微含蓄，握拳由緊而鬆。

這樣，結合動作虛實變化，勁力有柔有剛、張弛交替，練起拳來就可輕靈、沉著，避免不分主次、平均用力和雙重、呆滯的毛病。

2. 連綿不斷，勁力完整

太極拳的勁力除要求剛柔相濟外，還要求均勻完整，時時處處不斷勁，如同傳統理論中所說的「勿使有凹凸處，勿使有斷續處」。斷勁就是指力量的中斷、停頓、脫節、突變。要使勁力綿綿不斷，就要在動作連貫、協調、圓活的基礎上掌握運勁規律。

太極拳用力要求發自腰腿，運用於兩臂、兩手，達於手指，動作起來，以腰為樞紐，周身完整一氣。凡是腰部的旋轉都和腿的屈伸、腳的外撇裡扣、身體重心移動配合一致，兩臂運轉也要在腰部旋轉的帶動下進行。

強調腰腿發力，周身完整，不是忽視上肢作用。太極拳中兩臂動作變化最多，是勁力運用的集中表現，比如前臂外旋時，小指一側微微用力，好似向外撐勁；前臂內旋時，拇指一側微微用力，好似向內裹勁；前推時，除腕部微微塌住勁外，應注意中指或食指領勁，意念中好像力量貫注到指尖。這樣，儘管動作千變萬化，但勁力始終貫穿銜接、完整一氣，做到勢換勁不斷。

概括起來，前面講的剛柔相濟，是指力量的變化；這裡講的連綿不斷，是指勁力的完整。

3.意念集中，以意導動

練太極拳自始至終要求思想集中。在技術熟練以後，注意力就應集中到勁力運用方面。例如，做将的動作要有牽引或是将住物體的意念，按的動作要有向前推按的想像，從有關的

意念活動引導勁力的發揮和運用，做到「意動身隨」「意到勁到」。

用意念活動引導動作，不僅使勁力體現得更充分、動作演練得更準確，而且對調節中樞神經、增強各部器官的機能、提升醫療效果，都有直接影響，所以有人形容太極拳是用意不用力的「意識體操」。

關於太極拳意念引導動作，在實踐中要特別注意以下幾點：

第一，意念集中不是情緒緊張呆板。意念活動要與勁力的剛柔、張弛相一致，形成有節奏有變化的運動。意念活動和勁力運用，是統一運動的兩個方面，都應體現「沉而不僵，輕而不浮」的特點。

第二，意念、勁力、動作三者是統一的，但它們的相互關係則有主有從。

意念引導勁力，勁力產生運動。太極拳要求「先在心，後在身」，勢換勁連，勁換意連，但對這種主從關係，不能有脫節、割裂的理解。意念的變化要表現在勁力和動作上。練太極拳不能片面追求「虛靜」，追求「有圈之意，無圈之形」，那樣就會把意念活動割裂架

空，使人莫測高深，無所適從。

4. 呼吸自然，配合動作

太極拳呼吸深長細勻，通順自然。初學時只要求自然呼吸。動作熟練以後，可以根據個人鍛鍊的體會和需要，有意識地引導呼吸，使其更好地適應勁力與動作的要求，這種呼吸叫「拳勢呼吸」。

比如太極拳動作接近定勢時，要求沉穩聚合、勁力充實，這時應該有意識地配合呼氣，做到舒胸、束肋、實腹，以氣助力。

太極拳動作變換複雜，一般說來，凡是由實轉虛、勁力含蓄輕靈、肩胛開展、胸膛擴張的時候，應該配合吸氣；相反，當動作由虛轉實、勁力沉實集中、肩胛內合、胸腔收縮的時候，應該配合呼氣。這種結合與運動中的生理需要是一致的，也正是武術中「以意運氣、以氣運身」「氣力合一」的體現。

太極拳的「拳勢呼吸」就是使呼吸的自發配合變為自覺地引導。

「拳勢呼吸」的運用不是絕對的。因為太極拳的動作不是按呼吸節拍編排的，不同的拳套，練起來呼吸次數各不相同，就是同一套

路，不同體質的人，呼吸也無法強求一律。可以這樣說，練拳時只能要求在主要動作和胸肩開合較明顯的動作上，做到「拳勢呼吸」。在練一些過渡動作及個人感到呼吸難以結合的動作時，仍需要進行自然呼吸，或採用輔助呼吸（短暫呼吸）加以過渡調節。所以，練太極拳時無論技術如何熟練，總都結合使用「拳勢呼吸」和「自然呼吸」，以保證呼吸與動作的配合自然妥善，符合太極拳「氣以直養而無害」的要求。

不要簡單地開列「呼吸程序表」，使呼吸機械絕對，強求統一。尤其是病員或體質較弱的人，練太極拳更應因人制宜，保持呼吸的自然順遂，不能生硬勉強，以免有傷身體。

趙堡太極拳十三式
動作圖解

一、說　明

　　1. 為了表述清楚，圖像和文字對動作作了分解說明，打拳時應力求連貫銜接。

　　2. 在文字說明中，除特殊註明外，不論先寫或後寫身體的某一部分，各運動部位都要同時協調活動，不要先後割裂。

　　3. 方向轉變以人體為準，標明前、後、左、右。必要時也假設以面向南起勢，註明東、南、西、北。

　　4. 圖上的線條是，代表從這一動作到下一動作經過的路線和部位。左手左腳為虛線（┈┈┈➤），右手右腳為實線（────➤）。個別動作的線條受角度、方向等限制，可能不夠

詳盡，應以文字說明為準。

　　5.某些背向、側向動作，增加了附圖，以便對照。

二、動作名稱

圖 1

三、動作圖解

第一式　金剛三大對

動作一：

身體自然站立，面向南方，背朝北方（圖
1）。

圖2

動作二：

左腳左移一步，與肩同寬，兩膝微屈，兩腳腳尖朝前（南）。兩手自然下垂在兩胯旁，鬆腰。頭頂（百會穴）輕輕上領，下頦微內收，舌頂上齶。眼睛自然平視（圖2）。

圖 3

動作三：

兩腳十趾輕輕抓地。同時，兩手從兩側徐
徐向上、向前上提，形如抱斗，手心向下，手
與肩平（圖3）。

圖4

動作四：

兩手向下按至胯根。同時，雙腿下蹲屈膝，膝蓋不能超過腳尖，臀部不能超過腳跟。兩眼向南平視（圖4）。

圖 5

動作五：

雙腳由實變為右腳實，左腳虛。同時，雙
手手腕下按，手指向上。兩眼向南偏西平視
（圖 5）。

圖6

動作六：

　　左腳向左前方（東南）邁出一步，右腳尖
微內扣，成左實右虛弓蹬步。同時，雙手由下
向上、向左前方掤起，兩掌與前臂成弧形，左
手在前，指尖高與眉齊，與左腳尖相對，肘與
左膝相對；右手在胸前，高與鼻平。身體依然
朝南。眼顧及雙手（圖6）。

圖7

動作七：

兩腳以腳跟為軸，腳尖由左向右轉動，左腳尖轉向西南方，右腳尖轉向西，成右實左虛弓蹬步。同時，右手向上、向右畫弧轉到與右腳方向一致，指尖高與眉齊，與腳相對，肘與膝相對；左手弧形下按至左膝上方，手心向右。身體轉向西南方。眼平視，顧及右手（圖7）。

圖8

動作八：

兩腳以腳跟為軸，腳尖向左轉動，左腳尖轉向前（南），右腳尖轉向南偏西，成左弓蹬步。同時，左手內旋，手心朝前向右弧形上提，高與肩平；右手弧形下按至右胯根前，手心向下。身體轉向正南。眼顧及左手（圖8）。

圖9

動作九：

右腳蹬地，提膝向上，高與胯平，腳尖向前，腳心正對地面，成左獨立勢；左腳趾抓地，腳尖向南不變。同時，右手外旋，手心向左弧形上提，高與頭平，右肘與右膝相對；左手向裡經胸前下落至左胯根前，手心斜向右下。眼向南平視（圖9）。

圖10

動作十：

右腳落下踏實，與肩同寬；左腳虛，腳尖
點地。同時，左手外旋，手心向上，平置於臍
下，與腹部距離約一寸；右掌逐漸變拳，弧形
下落置於左手上方，與左掌心和腹部相距均約
一寸，略高於肚臍，拳眼向上，拳心向裡。眼
向南平視（圖10）。

圖 11

第二式 懶擦衣

動作一:

身體左轉向東南。左腳微上提,腳尖點地,成左虛步。同時,右手由拳變掌弧形上提,高與鼻齊,手心向左;左手變立掌在腹前,手心向右(圖11)。

圖12

動作二：

左腳向左橫跨半步變實；右腳隨即向左移半步，腳尖點地。同時，左手向左、向上、向右再向左下畫一大圈，落在左胯根前，手心斜向下；右手向右、向左下畫弧到小腹前，手心斜向左下。眼向東南平視，顧及雙手（圖12）。

圖 13

動作三：

右腳向正西方向邁一步變實，腳尖向西南；左腳尖微內扣，腳尖向南，成右弓左蹬步。同時，左掌外旋，輕按在左小腹下部；右掌向上經頭前向西方向弧形按出，手心向西南，右指尖與右腳尖相對。身體向南。眼朝南平視，顧及右手（圖 13）。

圖14

第三式　單　鞭

動作一：

重心移到左腳；提起右腳收回至左腳內
側，腳尖點地。同時，右手向下、向後、向上
纏頭過腦屈置於右肩前，手心向南；左手上提
置於胸前，手心斜向下，低於右手。眼向西南
平視（圖14）。

圖 15

動作二：

　　右腳向右橫跨一步；左腳隨即向右收回半步，腳尖點地，兩腿屈膝下蹲。同時，右手隨身體下蹲向右下按變勾手，高與腰平；左手按至右勾手旁。眼向西南平視（圖15）。

圖 16

動作三：

左腳向左橫跨一步，腳尖向東南方向踏
實；右腳尖微內扣，右腳抓地，成左弓右蹬
步。同時，左手由下向上經頭前向左（東）畫
弧按出，指尖與眉同高；右勾手弧形上提與右
腳尖相照，勾手略低於肩，勾尖與肘平，肘與
右膝相對。眼向南平視（圖16）。

圖 17

第四式　雲　手

動作一：

　　右腳尖內扣，右胯下沉。同時，右勾手變掌弧形收回右腹前，手心向下，手指向東；左手指尖上領，塌腕，高與頭平。眼顧及左手（圖17）。

圖18

動作二：

左腳內扣，腳尖向南；右腳尖外撇向西
南，成右弓左蹬步。同時，右手從腹胸中線向
上、向右畫弧，與右腳相對，高與頭平，手心
向外，指尖向上；左手向下、向裡畫弧到腹
前，手心向下，指尖向西南。眼顧及右手（圖
18）。

圖 19

動作三：

　　右腳尖內扣，右胯下沉；左腳尖外撇向東南，成左弓右蹬步。同時，右掌向下弧形收回右腹前，手心向下，手指向東；左掌從腹胸中線向上、向右畫弧，與左腳相對，高與頭平，手心向外，指尖向上。眼顧及左手（圖19）。

圖 20

動作四：

同雲手動作二。

圖 21

第五式　轉身拍腳

動作一：

　　右腳尖內扣，向南偏東，右胯下沉；重心移到左腿，左腳尖外撇向東南，成左弓右蹬步。同時，右手向下弧形收回右胯旁，手心向下，手指向東；左手由腹胸中線向上、向左、向下畫弧按至腰高。眼向東南平視（圖21）。

圖 22

動作二：

重心移向右腿，右腳尖微內扣；左腳收回
至右腳前，腳尖點地。同時，右手外旋，向
後、向上經頭頂畫弧落到右胸前，手心向東北
方向；左手外旋，畫弧收回左腹前，手心向
東。身體左轉向東。眼向東平視（圖 22）。

圖 23

動作三：

右腳抓地；左腿上提，高於胯，腳心朝東。同時，雙手由掌變拳，雙拳成環形，由前向下、向後再向左畫弧，右拳與額同高，拳眼向下，拳心朝外；左拳置於胸前，拳心向南，拳眼向西。眼向東平視（圖23）。

圖 24

動作四：

左腳向前下落半步，腳尖向東北；右腳尖
內扣向東。身體左轉。同時，雙拳向左、向下
與左腳尖成一條線，右拳在胸前，拳眼向裡；
左拳在腹前，拳眼向上（圖 24）。

圖 25　　　　　　　　附圖 25

動作五：

　　身體轉向北，兩腿成交叉步。同時，雙拳隨轉體，向左下方畫弧至左大腿上方，拳心向裡，拳面向上，提至胸前。眼顧及雙拳移動（圖25、附圖25）。

圖 26　　　　　　　　　　附圖 26

動作六：

右腳向右邁一步變實，腳尖向東北；左腳
隨即向右跟上，腳尖點地。同時，雙拳內旋，
向東按出，兩臂成弧形，右拳在前，拳心向
外，拳眼向下，高與肩平；左拳在後，拳心向
外，拳眼向右肘彎處，高與胸平。身體右轉朝
東北方向。眼向東北平視（圖26、附圖26）。

圖 27

動作七：

左腳變實；右腳變虛，身體下蹲。同時，
雙拳變掌，手心向下，隨身體下蹲畫弧下按至
膝前。眼顧及雙掌（圖27）。

圖 28

動作八：

　　身體起立，右腳向東用腳面踢出。同時，
雙掌向左、向上、向頭前畫一大圈，右掌向右
腳面拍擊；左掌跟隨右掌向前。眼向東平視
（圖 28）。

圖29

第六式　摟膝拗步

動作一：

　　右腳向西（向後）退一步變實；左腳收回
至右腳旁，腳尖點地。同時，右手外旋，手心
向上，收回腹前，與臍平；左掌變勾手，由上
經臉、胸前向下畫弧落到左膝上，勾尖朝北。
眼向東平視（圖29）。

圖 30

動作二：

　　左腳向東邁一步，踏實。同時，左勾手隨
膝前進；右手外旋，手心向外，由腹前向右、
向下畫弧至右膝內側。眼顧及右手（圖 30）。

圖 31　　　　　　　附圖 31

動作三：

　　左腳抓地，成左弓右蹬步。同時，左勾手
沿左膝繞至腿外側；右手向上、向頭前弧形按
至小腹前。身體微左轉向東。眼向東平視（圖
31、附圖 31）。

圖32

第七式 倒卷肱

動作一：

重心移到左腿，右腿屈膝提起，由右向左擺至左膝前，擺腳時腳心向前，定勢時腳心斜向下。同時，右手上提至胸前；左勾手變掌，掌心向下，掌由下向後、向上經頭前畫弧落至胸前，與右手相交成十字手，左手在內，手心向右，右手在外，手心向左。眼向東平視（圖32）。

圖 33

動作二：

　　右腳在左腳旁下落，腳尖點地。同時，左
掌內旋，弧形下落至左腹前，手心向下；右掌
外旋，弧形下落至右胯旁，手心向上。眼向東
平視（圖33）。

圖 34 　　　　　　　　　　附圖 34

動作三：

左腳抓地；右腳微上提即向西南方向退一
步，成左弓右蹬步。同時，左掌變勾手從膝關
節內側繞膝摟至左腿外側，勾尖向後；右手由
下向右、向後（西南）、向上經頭頂、臉畫弧
落至小腹前，手心向下，指尖朝東北。身要中
正。眼向東平視（圖 34、附圖 34）。

圖 35

動作四：

　　重心移到右腿；左腳收回在右腿內側懸
起。同時，左手變掌外旋至左胯側，手心向
下；右掌隨身體後移至右胯旁。眼向東平視
（圖 35）。

圖36

動作五：

左腳向西北方向退一步，成右弓左蹬步。同時，右掌變勾，繞膝關節摟至右腿外側，勾尖向後；左手由下向後、向上經頭頂、臉前畫弧至小腹前，手心向下，指尖朝東南。眼向東平視（圖36）。

圖 37

第八式　摟膝斜行

動作一：

右勾手變掌，由右腿外側向後、向上畫弧
至頭前；左手弧形上提至胸腹前（圖 37）。

圖 38 　　　　　　　　　　附圖 38

動作二：

　　重心移到左腿；右腳收回在左腿內側懸
起。身體稍向左轉。同時，雙手隨轉身向左後
畫弧下按，左手在身體左側，高與胯平，手心
向下；右手落在左胯前，手心斜向左下。眼向
東南平視（圖 38、附圖 38）。

圖39

動作三：

右腳向東南方向邁一步變實，腳尖向東南；左腳隨即跟上一步，落在右腳跟旁，腳尖點地。同時，雙手由下向上經頭前向下按出，左手高與胸平，手心向東南；右手高與眉齊，手心向東。眼向東平視（圖39）。

圖 40

動作四：

　　右腳尖外撇朝南偏東，重心在右腳，身體
下蹲。同時，雙手交叉成十字手，弧形下落至
右膝前，右手在外，手心向下；左手在裡，手
心向內。眼向東南方向平視（圖40）。

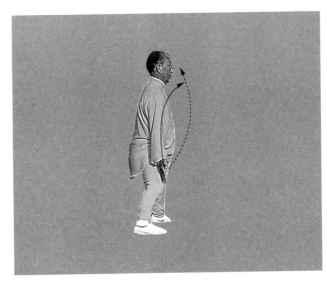

圖41

動作五：

左腳向東北方向邁出一步。同時，兩手在右膝下分開，左手向外畫弧至左膝旁，手心向下；右手由膝下外旋上提至右胯旁，手心向東。眼向東平視（圖41）。

圖 42

動作六：

身體重心稍右移成馬步。同時，雙手手心
向上畫弧合於臉前，指尖與眉齊，兩掌相距一
寸左右。眼向東平視（圖42）。

圖 43　　　　　　　　附圖 43

動作七：

身體重心左移，成左弓右蹬步。同時，左
掌變勾手，由胸前向下、向左畫弧落到左胯
旁，勾尖朝外；右掌向前推出，高與鼻平，手
心向東北。眼顧及右掌（圖 43、附圖 43）。

圖 44

第九式　海底針

動作一：

左腳尖內扣變實，腳尖向東南；右腳收回
到左腳旁，腳尖點地。身體右轉向南。同時，
左勾手變掌外旋，手心朝外，由胯側向上經頭
頂、臉前下按至腹前，手心向下；右手外旋，
向右、向下畫弧至右腿內側，手心向東。眼向
南平視（圖 44）。

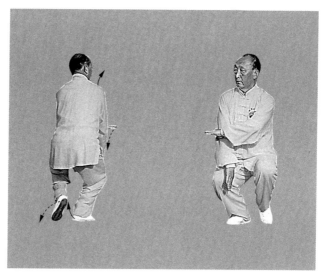

圖 45　　　　　　　　附圖 45

動作二：

身體左轉向東北方向。右腳提起隨轉身向東北方向邁出一步變實；左腳提起跟上半步。同時，右臂內旋，手掌在襠前，手心向東南，指尖向下；左手向右推提至右肘前，手心向下。眼向東偏北平視（圖45、附圖45）。

圖 46　　　　　　　　附圖 46

動作三：

左腳變實；右腳提起，腳尖點地。同時，左手沾右臂外側下按至小腹前；右手外旋，上提至胸前，手心向右。眼向東北方向平視（圖46、附圖46）。

圖 47

動作四：

右腳上前半步；左腳跟在右腳旁，腳尖點地。同時，左手向下、向左畫弧至身後變勾手，勾尖向右，略低於肩；右手外旋，上提經胸、頭前向前弧形下切至小腹前，掌心向北，指尖向東北（圖 47）。

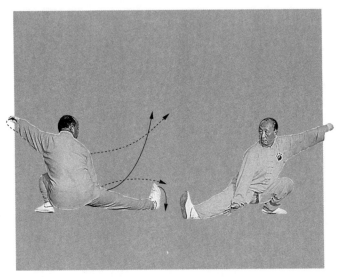

圖 48　　　　　　　　附圖 48

動作五：

左腳向後（西南）退一步變實，屈膝全蹲
成仆步；右腳尖翹起。同時，左勾手向左、向
上畫弧與頭平；右立掌下切至右膝關節內側。
眼看右腳尖方向（圖 48、附圖 48）

圖49

第十式　閃通背

動作一：

重心移到右腿，右腳尖外撇；左腿向東北
方向邁一步，成左弓右蹬步。身體右轉朝東南
方向。同時，左勾手變掌，掌心向下，掌由左
側向下、向前畫弧上掤，與左腳尖相對，高與
眼平；右手內旋，手心朝外，上托至頭前。兩
眼平視東北方向（圖49）。

圖 50

動作二：

身體右轉朝西南方向。左腳尖內扣向南；
右腳提起向左後東北方向退一步，腳掌著地。
同時，左手內旋，手心朝外，由左經頭頂向右
畫弧上掤至頭前；右手隨轉身向右下移動，兩
手在頭前成環形，兩臂與肩成斜圈，左手高與
頭平，右手高與鼻平。眼顧及雙手（圖50）。

圖 51   附圖 51

動作三：

身體右轉朝東北方向。右腳隨轉身向東北
方向邁步，腳尖向東偏北，成右弓左蹬步；左
腳尖內扣，腳尖向西偏北。同時，雙手環形向
下、向右、向後按去，左手在胸前，手心向
下；右手邊按邊外旋，手心向上，高與肩平，
右肘與右腳尖、右膝相對。眼向東北平視（圖
51、附圖51）。

圖 52

動作四：

身體左轉向西。重心移到左腿，左腳尖外
撇向西南；右腳內扣，腳尖向西北。同時，右
手向上經頭上按至頭前，手心向外；左手向左
畫弧至胸前（圖 52）。

圖 53

動作五：

右腳提起向西南方向邁一步踏實，腳尖向西南；左腳隨即跟在右腳旁，腳尖點地。身體左轉朝西南方向。同時，右手向西方向按去，手心向西南；左手隨轉身到胸前，略低於右手，手心向西南。眼向西南平視（圖53）。

圖54

第十一式　野馬分鬃

動作一：

左腳向東退一步踏實，腳尖向西南方向；右腳收回半步，腳尖點地。同時，雙手外旋，手心向裡，再內旋上下分開，左手心朝外，畫弧向左、向上按出，略高於頭；右手心朝下，向右下畫弧按至右腿外側，手心斜向外。眼向西平視（圖54）。

圖 55

動作二：

　　右腳向西北方向邁出一步，成右弓左蹬
步。同時，右手經腹前向上、向右前方畫弧按
出，手心向西北，高與鼻平；左手由上向下、
向後畫弧按至左胯根處，手心向下。眼向西北
平視（圖55）。

圖 56

動作三：

右腳踏實；左腳提至右腳旁，腳尖點地。
同時，右手向上推向頭頂右側上方；左手外
旋，畫弧至左膝上方，立掌指尖向西南方向。
眼向西南平視（圖 56）。

圖57

動作四：

　　左腳向西南方向邁出一步，成左弓右蹬步。同時，左手由左膝向左、向上、向前畫弧按出，手心向西南，高與鼻平；右手畫弧下按經左膝至右胯根處，手心向下。眼向西南平視（圖57）。

圖58

動作五：

左腳踏實；右腳提至左腳旁，腳尖點地。
同時，左手向上推向頭頂左側上方，掌心斜向
上，指尖向西北方向；右手外旋，畫弧至右膝
上方，立掌指尖向西北方向。眼向西北方向平
視（圖58）。

圖 59

動作六：

右腳向西北方向邁一步，成右弓左蹬步。
同時，右手向右前方畫弧按出，手心向西北，
高與鼻平；左手向下、向後畫弧按至左胯根
處，手心向下。眼向西北平視（圖59）。

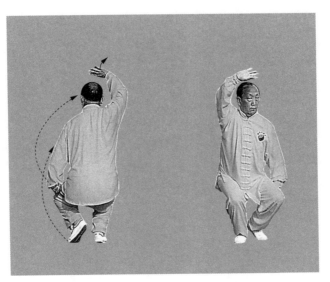

圖60　　　　　　　　附圖60

第十二式　雙擺蓮

動作一：

身體右轉朝北。右腳尖外撇，腳尖向北；左腳提至右腳旁，腳尖點地，兩腿屈膝下蹲。同時，右手弧形畫至頭前方；左手變勾畫弧至左胯旁，勾尖向南。眼向前平視（圖60、附圖60）。

圖 61　　　　　　　　　　附圖 61

動作二：

　　左膝上提與腹平，腳心向前。同時，左勾
手變掌，上提至胸前；右手弧形稍右移至頭右
前方。眼平視（圖61、附圖61）。

圖62

動作三：

以右腳跟為軸，身體右轉朝南。右腳尖朝南偏東；左腳心向下。同時，左手心向下，右手下落，雙臂成環形在腹前。眼向南平視（圖62）。

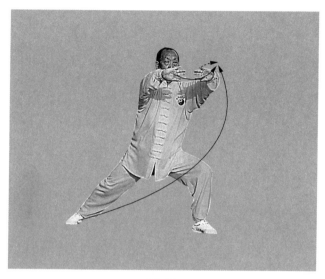

圖 63

動作四：

　　左腳向東南方向邁一步，腳尖向東南方
向，成左弓右蹬步。同時，雙手向下、向上、
向東南方向按去，手心朝外，指尖相對，高與
肩平。眼向東南平視（圖63）。

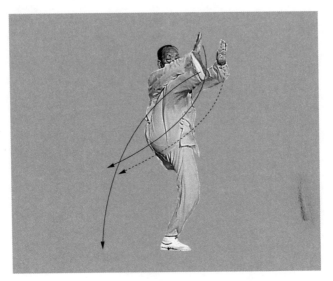

圖64

動作五：

右腳提起往左肘尖下畫弧外擺。同時，左右手在右腳擺至東南方向時先後拍擊右腳面。眼顧及雙手（圖64）。

圖 65

第十三式　搬弓射虎

動作一：

右腳向後（西北）下落一步變實，腳尖向西南方向，成右弓左蹬步。同時，雙手向下按置腹前，雙臂成環形。眼顧及雙手（圖65）。

圖66

動作二：

身體下沉微右轉。同時，兩手外旋變拳，
由腹前弧形向上，高與肩平，拳心向裡。眼顧
及雙手（圖66）。

圖 67

動作三：

　　兩拳上提，高與鼻平時兩拳相疊，右拳在內，左拳在外，拳心向裡，內旋向外打出，兩拳眼向裡，左手在外，高與頭平，右手在內，高與鼻平。眼向西南平視（圖67）。

圖68

動作四：

身體下沉左轉朝東南方向。同時，左拳變掌畫弧向下、向左立掌下切至左膝內側；右拳變掌由臉前向頭頂畫弧至頭右上方與右膝上下垂直。眼視東南斜下（圖68）。

圖69

動作五：

重心移到左腿，成左弓右蹬步。同時，左掌從左膝內側向前、向上畫弧按出，手與肩平，手心向前；右掌弧形下按至右胯旁，手心向下。眼向南平視（圖69）。

圖 70

動作六：

右腳蹬地，提膝向前，高與胯平，腳心正
對地面，腳尖向前，成左獨立勢。同時，右手
外旋，手心向左，弧形上提，高與頭平，右肘
與右膝相對；左手向裡經胸前下落至腹前，手
心斜向右下。眼向南平視（圖70）。

圖 71

動作七：

右腳下落至左腳旁，腳尖點地，兩腳距離
與肩同寬。同時，左手外旋，手心向上，平置
臍下與腹部距離約一寸；右掌逐漸變拳弧形下
落置於左手上方，與左掌心、腹部相距均約一
寸，略高於肚臍，拳眼向上，拳心向裡。眼向
南平視（圖 71）。

圖 72

動作八：

身體逐漸直立。同時，右拳變掌，兩手左右分開至兩胯旁（圖72）。

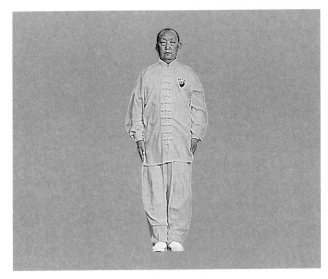

圖 73

動作九：

左腳收回，兩腳合併還原（圖 73）。

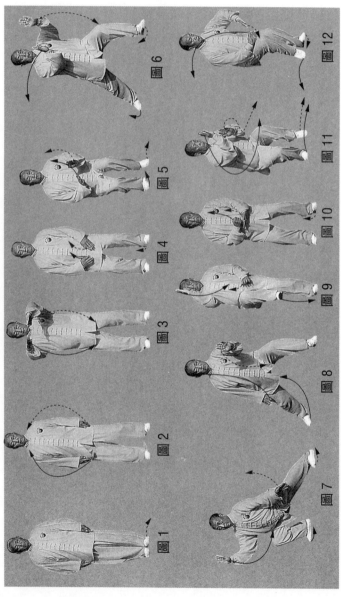

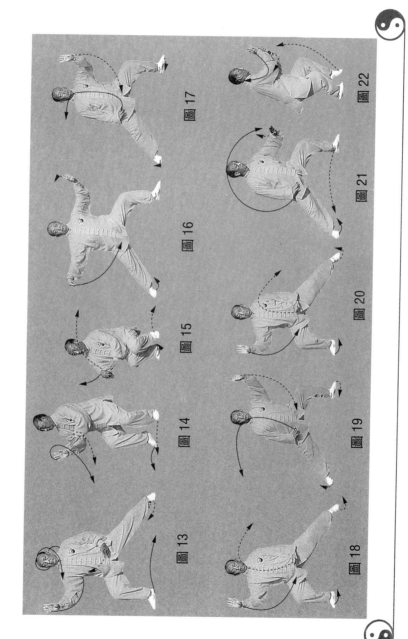

圖17 圖16 圖15 圖14 圖13

圖22 圖21 圖20 圖19 圖18

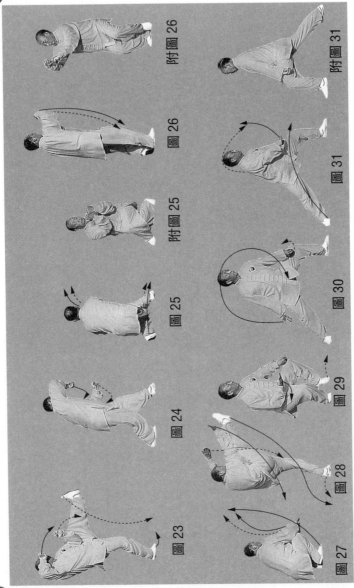

附圖 26　圖 26　附圖 25　圖 25　圖 24　圖 23

附圖 31　圖 31　圖 30　圖 29　圖 28　圖 27

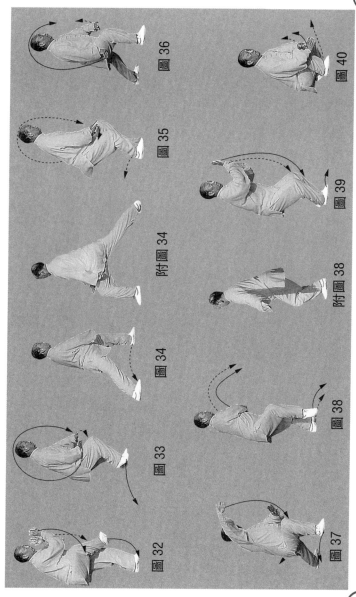

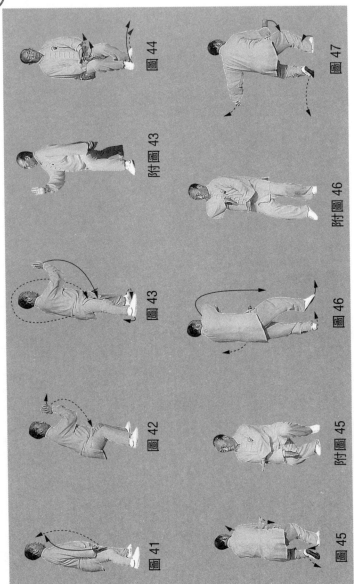

圖44　附圖43　圖43　圖42　圖41

圖47　附圖46　圖46　附圖45　圖45

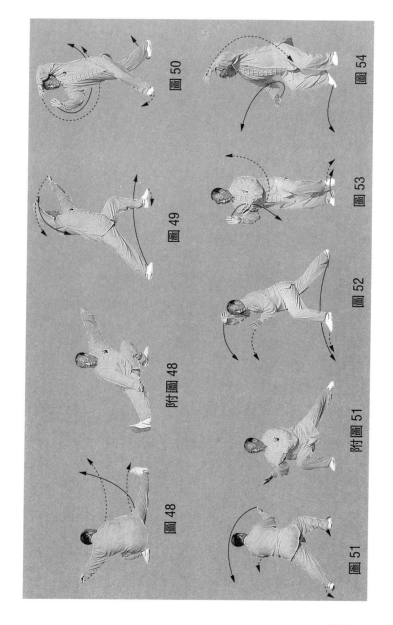

圖 48　附圖 48　圖 49　圖 50

圖 51　附圖 51　圖 52　圖 53　圖 54

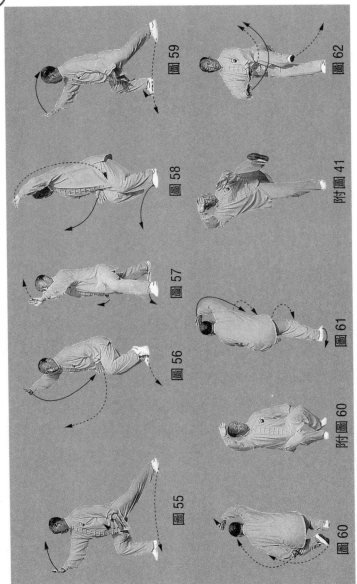

圖55　圖56　圖57　圖58　圖59

圖60　附圖60　圖61　附圖41　圖62

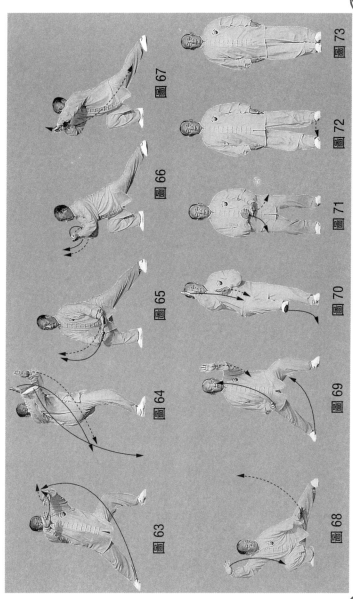

五、動作路線示意圖

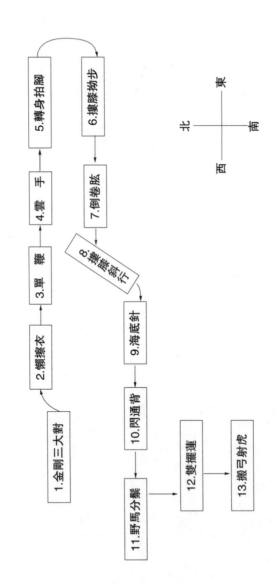

1.金剛三大對 → 2.懶擦衣 → 3.單鞭 → 4.雲手 → 5.轉身拍腳 → 6.摟膝拗步 → 7.倒卷肱 → 8.摟膝斜行 → 9.海底針 → 10.閃通背 → 11.野馬分鬃 → 12.雙擺連 → 13.搬弓射虎

北
東
南
西

大展出版社有限公司
品冠文化出版社
圖書目錄

地址：台北市北投區(石牌)　　電話：　(02)28236031
　　　致遠一路二段 12 巷 1 號　　　　　　28236033
郵撥：01669551＜大展＞　　　　　　　　28233123
　　　19346241＜品冠＞　　　傳真：　(02)28272069

・少 年 偵 探・品冠編號 66

・生 活 廣 場・品冠編號 61

・女醫師系列・ 品冠編號 62

・傳統民俗療法・ 品冠編號 63

・常見病藥膳調養叢書・ 品冠編號 631

2. 高血壓四季飲食　　　　　　　秦玖剛著　200元
3. 慢性腎炎四季飲食　　　　　　魏從強著　200元
4. 高脂血症四季飲食　　　　　　　薛輝著　200元
5. 慢性胃炎四季飲食　　　　　　馬秉祥著　200元
6. 糖尿病四季飲食　　　　　　　王耀獻著　200元
7. 癌症四季飲食　　　　　　　　　李忠著　200元
8. 痛風四季飲食　　　　　　　　魯焰主編　200元
9. 肝炎四季飲食　　　　　　　　王虹等著　200元
10. 肥胖症四季飲食　　　　　　　李偉等著　200元
11. 膽囊炎、膽石症四季飲食　　　謝春娥著　200元

·彩色圖解保健· 品冠編號64

1. 瘦身　　　　　　　　　　　主婦之友社　300元
2. 腰痛　　　　　　　　　　　主婦之友社　300元
3. 肩膀痠痛　　　　　　　　　主婦之友社　300元
4. 腰、膝、腳的疼痛　　　　　主婦之友社　300元
5. 壓力、精神疲勞　　　　　　主婦之友社　300元
6. 眼睛疲勞、視力減退　　　　主婦之友社　300元

·心想事成· 品冠編號65

1. 魔法愛情點心　　　　　　　結城莫拉著　120元
2. 可愛手工飾品　　　　　　　結城莫拉著　120元
3. 可愛打扮 & 髮型　　　　　結城莫拉著　120元
4. 撲克牌算命　　　　　　　　結城莫拉著　120元

·熱門新知· 品冠編號67

1. 圖解基因與 DNA　　（精）　中原英臣 主編　230元
2. 圖解人體的神奇　　（精）　米山公啟 主編　230元
3. 圖解腦與心的構造　（精）　永田和哉 主編　230元
4. 圖解科學的神奇　　（精）　鳥海光弘 主編　230元
5. 圖解數學的神奇　　（精）　柳 谷 晃　著　250元
6. 圖解基因操作　　　（精）　海老原充 主編　230元
7. 圖解後基因組　　　（精）　才園哲人　著　230元

·法律專欄連載· 大展編號58

　　　　　　台大法學院　　　法律學系／策劃
　　　　　　　　　　　　　　法律服務社／編著
1. 別讓您的權利睡著了(1)　　　　　　　200元
2. 別讓您的權利睡著了(2)　　　　　　　200元

42. <珍貴版>陳式太極拳　　　　　　沈家楨著　280 元
43. 24 式太極拳＋VCD　　　中國國家體育總局著　350 元
44. 太極推手絕技　　　　　　　　安在峰編著　250 元
45. 孫祿堂武學錄　　　　　　　　孫祿堂著　300 元
46. <珍貴本>陳式太極拳精選　　　馮志強著　280 元
47. 武當趙堡太極拳小架　　　　鄭悟清傳授　250 元
48. 太極拳習練知識問答　　　　邱丕相主編　220 元
49. 八法拳　八法槍　　　　　　　武世俊著　220 元
50. 地趟拳＋VCD　　　　　　　　張憲政著　350 元
51. 四十八式太極拳＋VCD　　　楊　靜演示　400 元
52. 三十二式太極劍＋VCD　　　楊　靜演示　300 元
53. 隨曲就伸 中國太極拳名家對話錄　余功保著　300 元
54. 陳式太極拳五功八法十三勢　闞桂香著　200 元
55. 六合螳螂拳　　　　　　　　劉敬儒等著　280 元
56. 古本新探華佗五禽戲　　　　劉時榮編著　180 元
57. 陳式太極拳養生功＋VCD　　陳正雷著　350 元
58. 中國循經太極拳二十四式　　李兆生著　280 元
59. ＜珍貴本>太極拳研究　　唐豪・顧留馨著　250 元
60. 中國跆拳道實戰 100 例　　　岳維傳著　220 元

・彩色圖解太極武術・ 大展編號 102

1. 太極功夫扇　　　　　　　　李德印編著　220 元
2. 武當太極劍　　　　　　　　李德印編著　220 元
3. 楊式太極劍　　　　　　　　李德印編著　220 元
4. 楊式太極刀　　　　　　　　　王志遠著　220 元
5. 二十四式太極拳(楊式)＋VCD　李德印編著　350 元
6. 三十二式太極劍(楊式)＋VCD　李德印編著　350 元
7. 四十二式太極劍＋VCD　　　李德印編著　350 元
8. 四十二式太極拳＋VCD　　　李德印編著　350 元
9. 16 式太極拳 18 式太極劍＋VCD　崔仲三著　350 元
10. 楊氏 28 式太極拳＋VCD　　　趙幼斌著　350 元

・國際武術競賽套路・ 大展編號 103

1. 長拳　　　　　　　　　　　李巧玲執筆　220 元
2. 劍術　　　　　　　　　　　程慧琨執筆　220 元
3. 刀術　　　　　　　　　　　劉同為執筆　220 元
4. 槍術　　　　　　　　　　　張躍寧執筆　220 元
5. 棍術　　　　　　　　　　　殷玉柱執筆　220 元

・簡化太極拳・ 大展編號 104

1. 陳式太極拳十三式　　　　　陳正雷編著　200 元

2. 武當劍　　　　　　　　　　陳湘陵編著　200元
3. 梁派八卦掌（老八掌）　　　李子鳴遺著　220元
4. 少林72藝與武當36功　　　裴錫榮主編　230元
5. 三十六把擒拿　　　　　　　佐藤金兵衛主編　200元
6. 武當太極拳與盤手20法　　　裴錫榮主編　220元

・少林功夫・ 大展編號 115

1. 少林打擂秘訣　　　　　　　德虔、素法編著　300元
2. 少林三大名拳 炮拳、大洪拳、六合拳　門惠豐等著　200元
3. 少林三絕 氣功、點穴、擒拿　　德虔編著　300元
4. 少林怪兵器秘傳　　　　　　　素法等著　250元
5. 少林護身暗器秘傳　　　　　　素法等著　220元
6. 少林金剛硬氣功　　　　　　　楊維編著　250元
7. 少林棍法大全　　　　　德虔、素法編著　250元
8. 少林看家拳　　　　　　德虔、素法編著　250元
9. 少林正宗七十二藝　　　德虔、素法編著　280元
10. 少林瘋魔棍闡宗　　　　　　　馬德著　250元
11. 少林正宗太祖拳法　　　　　　高翔著　280元

・原地太極拳系列・ 大展編號 11

1. 原地綜合太極拳24式　　　　胡啟賢創編　220元
2. 原地活步太極拳42式　　　　胡啟賢創編　200元
3. 原地簡化太極拳24式　　　　胡啟賢創編　200元
4. 原地太極拳12式　　　　　　胡啟賢創編　200元
5. 原地青少年太極拳22式　　　胡啟賢創編　220元

・道學文化・ 大展編號 12

1. 道在養生：道教長壽術　　　　郝勤等著　250元
2. 龍虎丹道：道教內丹術　　　　　郝勤著　300元
3. 天上人間：道教神仙譜系　　　黃德海著　250元
4. 步罡踏斗：道教祭禮儀典　　　張澤洪著　250元
5. 道醫窺秘：道教醫學康復術　　王慶餘等著　250元
6. 勸善成仙：道教生命倫理　　　　李剛著　250元
7. 洞天福地：道教宮觀勝境　　　沙銘壽著　250元
8. 青詞碧簫：道教文學藝術　　　楊光文等著　250元
9. 沈博絕麗：道教格言精粹　　　朱耕發等著　250元

・易學智慧・ 大展編號 122

1. 易學與管理　　　　　　　　余敦康主編　250元
2. 易學與養生　　　　　　　　劉長林等著　300元

國家圖書館出版品預行編目資料

趙堡太極拳十三式／王海洲　編著
——初版，——臺北市，大展，2004〔民93〕
面；21公分，——（簡化太極拳；6）
ISBN 957-468-291-9（平裝）

1.太極拳

528.972　　　　　　　　　　　　　93002663

北京人民體育出版社授權中文繁體字版

趙堡太極拳十三式

ISBN 957-468-291-9

編　著／王 海 洲
責任編輯／李 彩 玲
發 行 人／蔡 森 明
出 版 者／大展出版社有限公司
社　　址／台北市北投區（石牌）致遠一路2段12巷1號
電　　話／（02）28236031・28236033・28233123
傳　　眞／（02）28272069
郵政劃撥／01669551
網　　址／www.dah-jaan.com.tw
E–mail／service@dah-jaan.com.tw
登 記 證／局版臺業字第2171號
承 印 者／高星印刷品行
裝　　訂／協億印製廠股份有限公司
排 版 者／弘益電腦排版有限公司
初版1刷／2004年（民93年）5月

定　價／200元

大展好書　好書大展
品嘗好書　冠群可期

大展好書　好書大展

品嘗好書　冠群可期